Inhalt

Eigene IAS/IFRS-Regeln für den Mittelstand

Kernthesen

Beitrag

Fallbeispiele

Weiterführende Literatur

Impressum

GENIOS WirtschaftsWissen Nr. 09/2004 vom 02.09.2004

Eigene IAS/IFRS-Regeln für den Mittelstand

A.Kaindl

Kernthesen

- Das International Accounting Standards Board (IASB) plant gesonderte internationale Rechnungslegungsnormen für kleine und mittlere Unternehmen. Die bestehenden IAS/IFRS-Regeln sollen für diese Unternehmen vereinfacht und entschlackt werden.
- Das IASB plant ein globales Regelwerk in verständlicher und durchsetzbarer Form mit hoher Qualität und der Möglichkeit eines leichten Übergangs auf die umfassende IAS/IFRS-Bilanzierung.
- Vertreter des Bundesfinanzministeriums trafen die Aussage, dass das

Maßgeblichkeitsprinzip der Handelsbilanz für die Steuerbilanz für die nächsten drei bis fünf Jahre nicht in Frage gestellt wird. Erst wenn sich IAS/IFRS in Europa durchsetzen und das IASB spezielle Regelungen für den Mittelstand vorgelegt hat, könne es zu gravierenden Änderungen kommen, die das Maßgeblichkeitsprinzip in Frage stellen.

Beitrag

Notwendigkeit eigener IAS/IFRS-Regeln für kleine und mittlere Unternehmen

Die internationalen Bilanzierungsregeln International Accounting Standards / International Financial Reporting Standards (IAS/IFRS) werden von immer mehr mittleren und kleineren Unternehmen angewendet, obwohl diese eigentlich nicht zu deren Anwendung verpflichtet sind. (Unternehmen, deren Aktien oder Anleihen börsennotiert sind, müssen ab 2005 nach IAS/IFRS bilanzieren.) Die Gründe dafür sind vielfältig: Sei es der ins Auge gefasste Börsengang, sei es der Druck, den die Kreditinstitute wegen Basel II ausüben oder die größere Transparenz und internationale Vergleichbarkeit. Einige Unternehmen möchten mit IAS/IFRS auch Modernität demonstrieren. Doch die Unternehmen, die IAS/IFRS anwenden, müssen sich auf einen erheblichen Mehraufwand bei Rechnungslegung und Jahresabschluss einstellen. Deshalb wurde der Ruf nach internationalen Bilanzierungsregeln laut, die an die Bedürfnisse kleiner und mittelgroßer Unternehmen angepasst sind. (2)

Eine Projektgruppe des IASB soll Vorschriften für die Rechnungslegung kleiner und mittlerer Unternehmen (Small and Medium-Sized Entities, kurz: SME) erarbeiten. Ende Juni 2004 veröffentlichte das IASB sein erstes Arbeitspapier, das Vorschläge einholen soll, wie die IAS/IFRS-Standards für Mittelständler vereinfacht oder entschlackt werden können. Dieses Diskussionspapier enthält keine spezifischen Vorschläge, sondern erörtert Grundsatzfragen, wie ein solches Regelwerk aussehen könnte. Die Frist für die Antworten auf das öffentliche Diskussionspapier läuft bis zum 24. September 2004. Danach startet die interne Auswertung, auf deren Grundlage dann konkrete Vorschläge gemacht werden. Vertreter des IASB sind zuversichtlich, dass die überarbeiteten IAS/IFRS-Regeln für den Mittelstand dann endgültig ab 2008 umgesetzt werden. (1), (2), (8)

Bisherige inhaltliche Überlegungen des IASB zu den IAS/IFRS-SME

Bei dem Projekt setzt das IASB offenbar auf den so genannten Comprehensive Aproach, das heißt, das Board will einen vollständigen Satz vereinfachender Standards speziell für die Abschlüsse kleiner und mittlerer Unternehmen aufstellen, die durch Extraktion der wesentlichen Prinzipien gewonnen werden. Es soll ein globales Regelwerk in verständlicher und durchsetzbarer Form mit hoher Qualität werden und einen leichten Übergang auf die umfassende IAS/IFRS-Bilanzierung ermöglichen. Einige Länder (beispielsweise Australien und Kanada) favorisieren dagegen die Schaffung von Wahlrechten für kleine und mittlere Unternehmen in einigen ausgewählten Standards (Differential Reporting Approach). (1), (2), (3)

Die IAS/IFRS-SME werden wahrscheinlich beim Umfang der Berichterstattung angepasst. Wichtig für kleine Unternehmen: Kosten-Nutzen-Überlegungen sollen dabei im Vordergrund stehen. Doch die interessierten Nutzer sollten nicht erwarten, dass sich die Ansatz- und Bewertungsregeln vereinfachen. Hoffnung macht lediglich die Aussage des IASB, es seien auch Erleichterungen bei der Berechnung von Wertansätzen denkbar, solange das grundlegende Bewertungsprinzip nicht verletzt wird. (2)

Die Definition von SME soll sich nicht an der Bilanzsumme sowie Umsatz-, Aktionärs- oder Mitarbeiterzahlen orientieren. Stattdessen sollen die abgemilderten IAS/IFRS-Regeln alle Unternehmen anwenden können, die nicht von öffentlichem Interesse sind. Dabei spielt wiederum die Gesellschafterstruktur eine entscheidende Rolle. Die Anwendung der IAS/IFRS-SME soll nur dann möglich sein, wenn alle Gesellschafter zustimmen. Bei einem überschaubaren Gesellschafterkreis erscheint das durchsetzbar. Finanzinstitute oder Unternehmen, die Kapitalmärkte in Anspruch nehmen, sind ebenso ausgeschlossen wie Firmen, die wegen ihrer Größe gesamtwirtschaftliche Bedeutung haben. (2), (3)

Auf seiner Sitzung im Juni 2004 hat das IASB bereits die Rohentwürfe zweier grundlegender Standards diskutiert. Die Basis dafür waren IAS 1 (Presentation of Financial Statements) und IAS 8 (Accounting Policies), die sich damit beschäftigen, wie der Jahresabschluss und die Bilanzierungs- und Bewertungsgrundsätze anzuwenden sind. Daraus wurden die entsprechenden Versionen für kleine und mittlere Unternehmen (IAS-SME 1 bzw. 8) abgeleitet. (2)

Sollten sich die Erleichterungen nur auf die Berichterstattung und den Umfang der zu veröffentlichten Angaben beschränken, werden die neuen Standards einen Mittelständler kaum entlasten, wenn er seine Rechnungslegung auf IAS/IFRS umstellt. Findet die Projektgruppe jedoch einen Weg, ohne Verletzungen der Grundprinzipien Erleichterungen bei Ansatz- und Bewertungsfragen zuzulassen, dann kann auch ein größerer Anwenderkreis von international einheitlichen Bilanzierungsregeln profitieren. (2)

Immobilien-Leasing als Potenzial zur optimalen Ausschöpfung der internationalen Rechnungslegung

Unternehmensimmobilien sind traditionell ein wichtiges und hoch geschätztes Asset. Es stellt sich jedoch zunehmend die Frage, ob Immobilienbesitz nicht mehr Kapital bindet, als es im Rahmen eines effektiven Liquiditätsmanagements sinnvoll ist, und ob er zum anderen nicht erheblich die Flexibilität von Unternehmen einschränkt. Für börsennotierte Großunternehmen stellt deshalb das Sale-and-lease-back, also die Übertragung von

Unternehmensimmobilien in eine eigens dafür gegründete Objektgesellschaft, schon seit langem ein wichtiges Instrument des Liquiditätsmanagements dar. Der Mittelstand nutzt dieses Instrument bisher nur zögerlich, obwohl es auch für ihn lukrativ wäre. (6)

Für Unternehmen die nach IAS/IFRS bilanzieren, stellt das Immobilien-Leasing einen wichtigen Aspekt ihrer Bilanzpolitik dar. Dadurch, dass die Immobilien nicht beim Leasingnehmer, sondern beim Leasinggeber bilanziert werden, sind die gewünschten schlanken Bilanzstrukturen besser erreichbar. Bislang müssen ab 2005 zwar nur die kapitalmarktorientierten Unternehmen nach IAS/IFRS bilanzieren. Doch auch europäisch orientierte mittelständische Unternehmen, die diese Form der einheitlichen Rechnungslegung verwenden, können durch Vorteile bei der Kreditvergabe nachhaltig profitieren. Voraussetzung dafür ist allerdings eine enge Zusammenarbeit zwischen allen an der Leasingtransaktion Beteiligten einschließlich des Wirtschaftsprüfers des Unternehmens, um durch geeignete Leasingverträge die Potenziale der internationalen Rechnungslegung optimal zu nutzen. (6)

Erleichterte Mittelstandsfinanzierung durch IAS/IFRS

Kreditknappheit und deren Auswirkung auf Investitionen und Wachstum ist ein wichtiges Thema für viele deutsche Unternehmen. Speziell mittelgroße und kleinere Unternehmen befinden sich in der Zange zwischen steigenden Kreditkosten (aufgrund von neuen Bankkapitaladäquanzrichtlinien Basel II) und schwachen Aktienmärkten, die die Eigenkapitalaufnahme zunehmend schwieriger oder gar unmöglich machen. Es stellt sich die Frage, ob der Markt für Unternehmensanleihen die neue Stütze der Mittelstandsfinanzierung werden kann. Die Investoren konzentrieren sich nicht mehr nur auf die großen Blue Chip-Unternehmen, sondern suchen gezielt nach Unternehmensanleihen bisher nicht vertretener Unternehmen. Doch trotz der starken Nachfrage nach Unternehmensanleihen haben speziell mittelständische Unternehmen das Problem, dass sie in der Regel die Anforderungen an Emittenten nicht im gleichen Maße erfüllen, wie Großunternehmen. Dies betrifft im Besonderen die angewandten Rechnungslegungsvorschriften, das Vorhandensein eines Kredit-Ratings sowie das angestrebte Emissionsvolumen. Die Investoren sind bezüglich der Anforderungen an Rating und Emissionsvolumen mittlerweile flexibler geworden, aber ein Jahresabschluss nach internationalen Bilanzierungsstandards ist unumgänglich. (9)

Fallbeispiele

Im Mittelstand Nordrhein-Westfalens erfreuen sich die internationalen Bilanzregeln schon recht großer Beliebtheit. Wie eine Studie der Fachhochschule Münster in Zusammenarbeit mit der Wirtschaftsprüfungsgesellschaft KPMG zeigt, haben sich mehr als 40 Prozent der befragten Mittelständler bereits für eine Bilanzierung nach IAS/IFRS entschieden. Weitere 24 Prozent denken über eine IAS/IFRS-Bilanzierung nach. Dabei ist dieser Kreis keineswegs auf Unternehmen, die den Kapitalmarkt in Anspruch nehmen, beschränkt auch zwei Drittel der nicht kapitalmarktorientierten Unternehmen wenden die internationalen Regeln bereits an oder denken zumindest über eine Umstellung nach. (4), (5)

An der Untersuchung haben sich 300 Unternehmen des gehobenen Mittelstandes (mehr als 20 Millionen Euro Umsatz, ohne Banken, Versicherungen und andere Finanzdienstleister) beteiligt. Die vergleichsweise große Begeisterung für IAS/IFRS lässt sich auch dadurch erklären, dass es sich bei vielen der IAS/IFRS-Bilanzierer um Konzerngesellschaften handelt. Mehr als drei Viertel der Unternehmen, die IAS/IFRS bereits anwenden, gehören entweder einem ausländischen Konzern oder einem deutschen, bereits nach IAS/IFRS bilanzierenden Mutterunternehmen. Zudem ist die Bilanzierung nach internationalen Regeln bisher in erster Linie ein Thema für Kapitalgesellschaften. Sämtliche börsennotierte Aktiengesellschaften, 79 Prozent der privaten Aktiengesellschaften sowie 74 Prozent der GmbHs ziehen eine IAS/IFRS-Bilanzierung zumindest in Betracht. Dagegen will die Hälfte der Personengesellschaften vorerst hierauf verzichten. (5)

Die internationalen Bilanzregeln sind komplex und umfangreich. Die Studie ergab, eine Vereinfachung des Regelwerks für die Belange des Mittelstands würde die Akzeptanz der IAS/IFRS insbesondere unter den bisher noch Unentschlossenen merklich steigern. 78 Prozent der Unternehmen, die zurzeit noch unschlüssig sind, ob sie künftig nach IAS/IFRS bilanzieren sollen, würden dies tun, wenn es erleichterte Vorschriften für Mittelständler gäbe. (5)

Aus der IAS/IFRS-Anwendung ergeben sich einige Vor- und Nachteile für die betreffenden

Unternehmen. Aus allgemeiner Perspektive sehen die Befragten im erleichterten und schnelleren Zugang zu weiteren, möglicherweise auch internationalen Kapitalgebern den größten Vorzug der IAS/IFRS-Bilanzierung. Es folgen besseres Rating, erleichterte Konsolidierung sowie besserer Branchenvergleich. Letzter Punkt ist aus Sicht des eigenen Unternehmens der wichtigste Vorteil für die Befragten, gefolgt von der erleichterten Harmonisierung des internen und externen Rechnungswesens. Als wichtigste Nachteile nennen die Mittelständler die hohe Komplexität der Vorschriften, die einmaligen Kosten der Umstellung, den negativen Einfluss auf das Steuerrecht sowie eine zu positive Darstellung der eigenen wirtschaftlichen Lage. (5)

Immer wieder ist zu hören, Banken würden einen IAS/IFRS-Bilanzierer beim internen Rating mit einer besseren Bewertung honorieren. Demnach wäre eigentlich zu erwarten, dass unter den Unternehmen, die sich einem solchen Rating unterziehen, besonders viele IAS/IFRS-Bilanzierer tummeln. Die Studie bestätigt dies jedoch nicht mit 38 Prozent haben sich überdurchschnittlich viel intern geratete Unternehmen sogar gegen eine IAS/IFRS-Bilanzierung entschieden. Anders als erwartet hat sich gezeigt, dass die Banken zumindest bisher von ihren Kunden einen IAS/IFRS-Abschluss nicht zwingend fordern. (4), (5)

Unternehmensberater befürchten, dass kleinere Betriebe durch die Umstellung auf internationale Bilanzierungsstandards in finanzielle Schwierigkeiten geraten. Auch der Bundesverband Deutscher Unternehmer (BDU) befürchtet einen Supergau im unteren Mittelstand. Auf sie steige der Druck, ihre Rechnungslegung umzustellen. Gleichzeitig müssten sie sich aber in ihrer Bilanzierung weiterhin am Handelsgesetzbuch orientieren. (4)

Weiterführende Literatur

(1) IASB plant Erleichterungen für den Mittelstand
aus Frankfurter Allgemeine Zeitung, 02.08.2004, Nr. 177, S. 16

(2) Moderne Bilanzen sind teuer Für kleinere Unternehmen fehlen länderübergreifende Standards zur Rechnungslegung. Das IASB will das ändern
aus Financial Times Deutschland vom 20.07.2004, Seite 26

(3) IASB-Regeln für kleine Firmen kommen bald Internationales Rechnungslegungsgremium verständigt sich auf Grundzüge für einheitliche Standards · Keine Größendefinition
aus Financial Times Deutschland vom 12.05.2004,

Seite 21

(4) Nur die Großen können's Englisch Größere Mittelständler in NRW wollen internationale Bilanzierungsstandards einführen. Kleine Firmen überfordert
aus taz NRW, 04.08.2004, S. 3

(5) IFRS fassen Fuß im Mittelstand
aus Frankfurter Allgemeine Zeitung, 02.08.2004, Nr. 177, S. 16

(6) Immobilien zur Sicherung der Liquidität nutzen Mit geeigneten Leasingverträgen Potenziale der internationalen Rechnungslegung optimal ausschöpfen
aus Börsen-Zeitung, 14.08.2004, Nummer 156, Seite B2

(7) Handelsbilanz bleibt für den Fiskus maßgeblich IFRS führt absehbar nicht zu einer Umstellung
aus Börsen-Zeitung, 27.05.2004, Nummer 101, Seite 6

(8) Braucht der Mittelstand IAS?
aus Börsen-Zeitung, 29.07.2004, Nummer 144, Seite 6

(9) Unternehmensanleihen - Die neue Finanzierungsstütze für den deutschen Mittelstand?
aus Going Public, Heft 7/2004, S. 44-45

Impressum

Eigene IAS/IFRS-Regeln für den Mittelstand

Bibliografische Information der deutschen Nationalbibliothek

Die Deutsche Nationalbibliothek verzeichnet diese Publikation in der deutschen Nationalbibliografie; detaillierte bibliografische Daten sind im Internet über http://dnb.d-nb.de abrufbar.

ISBN: 978-3-7379-1319-5

© 2015 GBI-Genios Deutsche Wirtschaftsdatenbank GmbH, Freischützstraße 96, 81927 München, www.genios.de

Alle Rechte vorbehalten. Dieses Werk ist einschließlich aller seiner Teile – z.B. Texte, Tabellen und Grafiken - urheberrechtlich geschützt. Jede Verwertung außerhalb der Grenzen des Urheberrechtsgesetzes bedarf der vorherigen Zustimmung des Verlags. Dies gilt insbesondere auch für auszugsweise Nachdrucke, fotomechanische Vervielfältigungen (Fotokopie/Mikroskopie), Übersetzungen, Auswertungen durch Datenbanken oder ähnliche Einrichtungen und die Einspeicherung und Verarbeitung in elektronischen Systemen.